Collection de M. DUVAL

TABLEAUX & DESSINS

MODERNES

DU COMMENCEMENT DU SIÈCLE

QUELQUES TABLEAUX ANCIENS

DESSINS CHINOIS

Curiosités, Porcelaines, Faïences, Armes,
Instruments de Musique, d'Optique et d'Anatomie.

VENTE PAR SUITE DE DÉCÈS

Les Mardi 10 & Mercredi 11 Janvier 1865.

EXPOSITION

Le Lundi 9 Janvier 1865

Mes CAILLEUX ET MARESCHAL
Commissaires-Priseurs.

M. FRANCIS PETIT
Expert.

RENOU ET MAULDE

IMPRIMEURS DE LA COMPAGNIE DES COMMISSAIRES-PRISEURS

Rue de Rivoli, 144.

CATALOGUE

DE

TABLEAUX & DESSINS

MODERNES

Du commencement du Siècle

QUELQUES TABLEAUX ANCIENS

ALBUMS DE DESSINS CHINOIS

Curiosités, Porcelaines, Faïences, Armes, Instruments de
Musique, Microscope, Télescope et Instruments d'Anatomie.

DONT LA VENTE AUX ENCHÈRES PUBLIQUES AURA LIEU

PAR SUITE DU DÉCÈS DE **M. DUVAL**

HOTEL DROUOT, SALLE Nᵒ 5

Les Mardi 10 & Mercredi 11 Janvier 1865

A DEUX HEURES

Par le ministère de Mᵉ **CAILLEUX**, Commissaire-Priseur.
rue d'Enghien, 54 ;
Et de Mᵉ **MARESCHAL**, son Confrère, rue de Trévise, 17 ;
Assistés de M. Francis **PETIT**, Expert, rue de Provence, 43,
CHEZ LESQUELS SE DISTRIBUE LE PRÉSENT CATALOGUE

EXPOSITION PUBLIQUE

Le Lundi 9 Janvier 1865, de 1 heure à 5 heures.

—◇—

PARIS — 1865

CONDITIONS DE LA VENTE

Elle sera faite au comptant.

Les Acquéreurs paieront, en sus des adjudications, CINQ CENTIMES par franc.

TABLEAUX

ABSOVEN

1 — Intérieur de corps de garde. Des soldats jouent, boivent et fument; un espion est amené devant le capitaine. Toutes les figures sont des singes travestis.

H. 36 c. L. 58 c.

BEAUJOUAN (AMÉDÉE)

2 — Le roi Richard accordant la grâce du chevalier Kennet. (Walter Scott.)

H. 130 c. L. 193 c.

BECHAY

3 — Le Jugement de Paris.

H. 47 c. L. 64 c.

BERRÉ

4 — Paysage. De nombreux animaux paissent et sont couchés dans une prairie près d'un bâtiment de ferme.

H. 56 c. L. 86 c.

BERRÉ

5 — Pâturage. Un Berger est appuyé sur une barrière devant laquelle sont groupés un âne, une vache et divers autres animaux.

H. 22 c. L. 30 c.

BERRÉ (Signé PAUL POTTER)

6 — Trois vaches, dont une debout, dans un pâturage
hollandais.

H. 22 c. L. 30 c.

BERRÉ (Signé PAUL POTTER)

7 — Pâturage. Une Vache couchée et deux autres debout dans la campagne.

H. 22 c. L. 30 c.

BREENBERGH (BARTHOLOMÉE)

8 — Paysage avec figures. Deux anciens châteaux-forts
défendent l'entrée d'une rivière que traverse un pont ;
dans le fond, la mer ; sur le premier plan, un grand
nombre de figures.

H. 75 c. L. 113 c.

BREENBERGH (BARTHOLOMÉE)

9 — Paysage accidenté de rochers et traversé par un cours
d'eau. Un Moine est en prière au milieu des ruines d'un
ancien temple.

H. 41 c. L. 65 c.

BOILLY

10 — La Distribution des vivres dans une fête populaire
aux Champs-Élysées. Composition capitale.

H. 96 c. L. 130 c.

CARRACHE (LOUIS)

11 — Andromède : Figure à mi-corps.

H. 88 c. L. 76 c.

CASSEL (LUCAS)

12 — Saint Georges armé de toutes pièces et monté sur son cheval de bataille, la lance en arrêt, terrasse un dragon et délivre une femme en prières, symbolisant la Religion.

H. 26 c. L. 40 c.

CUYP (A.)

13 — Plateau chargé de fruits : Une poire, des raisins et des groseilles sont tombés auprès sur une table en pierre.

H. 58 c. L. 73 c.

DAVID (Rome, 1776)

14 — Le Jeune Thésée.

H. 145 c. L. 195 c.

DEBOIS

15 — Paysage hollandais dans le genre de Ruysdaël.

H. 00 c. L. 00 c.

DEBUCOURT

16 — Trait de générosité de Louis XVI. (Esquisse.)

Forme ovale.—H. 19 c. L. 24 c.

DE LA RIVE

17 — Marche d'animaux sur une route, à l'entrée d'une
forêt.

H. 00 c. L. 00 c.

DEMARNE

18 — Des Bergers gardant des troupeaux jouent avec un
jeune enfant; près d'eux, une vache, un veau et une
chèvre couchée. Paysage accidenté; style italien.

H. 127 c. L. 160 c.

DEMARNE

19 — La Route du Marché. Un paysan mène un porc dans
une brouette que tire un petit garçon; derrière eux,
une paysanne, montée sur un âne, suit la même route ;
des animaux sont arrêtés à boire à une fontaine.

H. 90 c. L. 115 c.

DEMARNE

20 — Le Départ pour le Marché. Les paniers de l'âne sont
chargés du pot au lait et de deux petits chevreaux que
leur mère voit partir à regret ; la fermière va embras-
ser son enfant qui lui tend les bras, tandis que la grand'-
mère, assise auprès de la grange , s'interrompt de filer.

H. 31 c. L. 40 c.

DEMARNE

21 — Ruines dans un paysage italien. Une femme gardant
un troupeau fait sa toilette au bord d'un ruisseau.

H. 10 c. L. 50 c.

DEMARNE

22 — Quinctius Cincinnatus nommé dictateur. On le trouve
à la campagne conduisant la charrue.

H. 32 c. L. 40 c.

DEMARNE

23 — La Consultation. Une dame vient consulter un vieux
médecin ; un galant écoute caché derrière une tapisserie.

H. 28 c. L. 22 c.

DEMARNE

24 — Un Concert. Des seigneurs et des dames chantent et
font de la musique au milieu d'une grande salle don-
nant sur un parc.

H. 23 c. L. 27 c.

DEMARNE

25 — Deux paysages avec figures. (Fixés de forme ronde.)

DUPONT (L.)

26 — Paysage traversé par une rivière.

H. 00 c. L. 60 c.

FRANQUELIN

27 — Evirchoma.

H. 73 c. L. 59 c.

GÉRARD (BARON)

28 — La Peste de Marseille.

H. 112 c. L. 82 c.

GOUBAU (A.)

29 — Marché sur une grande place au milieu de laquelle s'élève une colonne surmontée d'une statue. Marchands et acheteurs sont groupés alentour; des soldats sont attablés sous une tente; dans le fond, un port et la mer.

H. 117 c. L. 168 c.

GRIFF

30 — Oiseaux et poissons.

H. 25 c. L. 36 c.

GROLIG

31 — Chasse à courre dans une forêt.

H. 57 c. L. 81 c.

GUILLAUME DE HEUSCH

32 — Paysage dans le style de Both. Chemin bordant un étang près duquel sont de grands arbres, effet de soleil couchant. Un paysan monté sur une mule cause avec des personnages arrêtés près de lui.

H. 65 c. L. 81 c.

JOLIVARD

33 — La Récolte des foins.

H. 50 c. L. 50 c.

KOBELL (1813)

34 — Animaux au pâturage.

H. 69 c. L. 96 c.

LAGRENÉE (Rome, 1781)

35 — Les Chevaliers danois. Sujet tiré de la *Jérusalem
délivrée.*

H. 103 c. L. 140 ..

LECŒUR

36 — La Jalousie.

37 — Le Billet doux.

38 — Le Départ de l'amant.

39 — Vue intérieure d'un ancien couvent, à Perpignan.

MALLET

40 — La Visite à la vieille nourrice. Composition de sept
à huit figures.

H. 26 c. L. 31 c.

MALLET

41 — Le Messager. Une jeune Fille demi-nue sort de son
lit pour recevoir un billet que lui apporte une colombe.

H. 32 c. L. 3 a.

MALLET

42 — Le Lever.

H. 31 c. L. 24 c.

MALLET

43 — Le Coucher.

H. 31 c. L. 24 c.

MICHALLON

44 — Paysage italien. Moulin à eau près d'une église.

H. 25 c. L. 32 c.

Signé OMMEGANCK

45 — Paysage avec animaux. Des moutons qui se battent renversent un enfant sur un pot au lait.

H. 39 c. L. 52 c.

Signé OMMEGANCK

46 — Moutons paissant près d'un canal. Paysage hollandais.

H. 36 c. L. 48 c.

POELENBURG (T.)

47 — L'Adoration des Bergers.

H. 46 c. L. 39 c.

PERRIN

48 — Soldat macédonien implorant sa grâce.

H. 145 c. L. 195 c.

PERRIN

49 — La Piété filiale.

H. 100 c. L. 80 c.

RAGUENET (1756)

50 — Une Joute sur l'eau devant le Pont-Neuf et la Samaritaine.

H. 60 c. L. 98 c.

REGNAULT

51 — La Toilette de Vénus. Composition de six figures.

H. 31 c. L. 26 c.

REGNAULT

52 — La Mort de Cléopâtre.

H. 63 c. L. 78 c.

RIOULT

53 — Deux jeunes Filles au bain.

H. 130 c. L. 197 c.

RIOULT

54 — Petite Fille sortant du bain.

H. 72 c. L. 60 c.

ROBERT LEFEBVRE

55 — Phocion condamné à boire de la ciguë.

H. 40 c. L. 32 c.

ROBERT LEFEBVRE

56 — Andromède attachée au rocher. Un Amour pleure auprès d'elle.

H. 62 c. L. 54 c.

ROBERT LEFEBVRE

57 — Portrait en buste de l'empereur Napoléon.

H. 03 c. L. 53 c.

ROBERT LEFEBVRE

58 — Portrait en buste de l'impératrice Joséphine.

H 65 c. L. 53 c.

ROBERT LEFEBVRE

59 — Portrait en buste de Malherbe.

H. 64 c. L. 53 c.

ROBERT LEFEBVRE

60 — Portrait en pied de Mme Rampon et de ses enfants. (Esquisse terminée.)

H. 32 c. L. 25 c.

ROEHN père

61 — Halte de Troupes près d'une hôtellerie.

H. 30 c. L. 43 c.

ROEHN père

62 — La Levée du camp.

H. 30 c. L. 43 c.

RONMY

63 — Halte de Cuirassiers près d'un cabaret.

H. 30 c. L. 38 c.

ROSE (H.)

64 — Troupeau d'Animaux au repos dans un ravin.

H. 87 c. L. 107 c.

ROUGET (G.)

65 — Mars et Vénus.

H. 24 c. L. 32 c.

SABLET

66 — Paysage italien, effet de Soleil couchant. Des Cavaliers sont arrêtés près d'une fontaine.

H. 71 c. L. 97 c.

SCHWARTZ (CHRISTOPHE, 1590)

67 — Le Calvaire au moment de la mort du Christ. Composition importante avec un grand nombre de figures.

H. 100 c. L. 170 c.

SENAVE

68 — Episode de la vie de Diane de Poitiers.

H. 63 c. L. 53 c.

SOLIMÈNE

69 — Massacre des Innocents.

H. 75 c. L. 125 c.

VAFFLARD

70 — Modistes faisant l'aumône à une pauvre femme.

H. 00 c. L. 00 c.

VAN ASSCHE (1811)

71 — Des Animaux rentrant à une ferme passent sous une grande porte en ruine.

H. 63 c. L. 81 c.

VANDERBURCK (an ix)

72 — Paysage, style historique. Un Pont traverse un ravin au fond duquel coule un torrent; des Bergers sont effrayés à la vue d'un serpent.

H. 60 c. L. 50 c.

VERMEULEN (EUG.) 1830

73 — Moulin sur le bord d'une rivière. Un Pont en ruine est sur le premier plan; une Ville hollandaise dans le fond.

H. 82 c. L. 71 c.

VERNET (J.)

74 — Des Pêcheurs sont à l'entrée d'une grotte formée de rochers; plus loin, la mer et l'entrée d'un port.

H. 63 c. L. 47 c.

VERNET (J.)

75 — Marine dans le style de Claude Lorrain. Un Port éclairé par le soleil couchant; à l'entrée d'une rivière, un Temple en ruine, près duquel sont des Pêcheurs arrêtés.

H. 64 c. L. 90 c.

WYNANTS

76 — Paysage avec Animaux.

H 23 c. L. 28 c

WYNANTS

77 — Lisière de Forêt. Étude d'arbres et de plantes.

H. 51 c. L. 40 c.

WITT (E. de)

78 — Intérieur d'un Temple protestant en Hollande.

H. 42 c. L. 38 c.

WERKOLIÉ (Attribué à)

79 — Diane au bain surprenant la grossesse de Calisto.

H. 60 c. L. 83 c.

ÉCOLE ALLEMANDE

80 — Silène. Une Nymphe lui présente une coupe remplie de vin; des Enfants apportent des grappes de raisins.

H. 120 c. L. 93 c.

ÉCOLE HOLLANDAISE

81 — Marine avec bateaux à voiles; mer agitée.

H. 37 c. L. 51 c.

ÉCOLE DE PARME

82 — Vierge tenant l'Enfant Jésus sur ses genoux.

LE CORRÉGE (D'après)

83 — Jupiter et Léda. Reproduction exacte du tableau du
musée de Berlin. (Copie ancienne.)

H. 160 c. L. 195 c.

84 — Jupiter et la nymphe Io. Reproduction du tableau du
musée de Dresde. (Copie ancienne.)

H. 120 c. L. 92 c.

85 — L'Antiope. (Copie moderne.)

H. 195 c. L. 130 c.

LE GUIDE (D'après)

86 — La Madeleine. (Copie ancienne.)

H. 152 c. L. 135 c.

87 — La Charité.

H. 100 c. L. 82 c.

PAUL POTTER (D'après)

88 — Taureau debout, Vaches et Moutons couchés près
d'un groupe de saules.

H. 52 c. L. 70 c.

RAPHAEL (D'après)

89 — Sainte Famille. (Copie ancienne.)

INCONNUS

90 — Portrait présumé de Mme Récamier.

91 — Portrait de femme.

92 — Batelier passant une Fermière et sa Vache. Paysage hollandais.

93 — Nymphes enchaînant l'Amour.

94 — Lion étreignant un Faon.

95 — Forêt.

DESSINS

BOILLY

96 — La Distribution des vivres un jour de fête populaire
aux Champs-Élysées. (Grande aquarelle.)

HENNEQUIN

97 — Les fureurs d'Oreste. (Dessin à la plume et à la sepia.)

LAFAGE

98 — Les Tectosages quittent leur pays.
Les Tectosages pillent la ville et le temple de Delphes.
Les Tectosages enchaînent Ptolémée, roi des Macé-
doniens.
Les Tectosages fondent la ville d'Ancyre. Théodore
défend la ville de Toulouse et met Lictorius en fuite.
Lictorius chargé de chaînes mené en triomphe à Tou-
louse.
Les Toulousains chassent les huguenots de leur ville.
Prise de la ville de Tripoli par Bertrand, comte de Tou-
louse.
Le Parlement prêtant serment entre les mains de
Philippe le Bel.
(Suite de neuf dessins au lavis.)

LAFAGE

99 — Enlèvement de Proserpine. (Lavis.)

DESSINS CHINOIS

100 — Un Album. Maisons et Jardins de plaisance.

101 — Un Album. Jugements et Supplices.

102 — Un Album. Scènes de l'autre monde.

103 — Un Album. Tours de force et d'adresse.

104 — Un Album. Vingt divinités peintes sur feuilles d'arbres.

105 — Un Album. Costumes et portraits de fonctionnaires publics.

106 — Une suite de cent soixante Divinités.

CURIOSITÉS, OBJETS DIVERS

107 — Deux petites Figures en ivoire.

108 — Un groupe en bronze, les trois Grâces.

109 — Une figure en bronze, un Lutteur.

110 — Deux Colonnes en marbre surmontées de Statues en bronze.

111 — Deux Vases sculptés en ivoire.

112 — Assiettes, Plats et divers objets en porcelaine de Chine, de Saxe et du Japon.

113 — Plats et Assiettes en faïence de Nevers et de Rouen.

114 — Trois Pendules dont une style Louis XVI.

115 — Deux Candélabres.

116 — Diverses Armes.

117 — Plusieurs Violons.

118 — Un Télescope.

119 — Un Microscope.

120 — Divers Instruments d'anatomie.

121 — Bureau en laque de Chine.

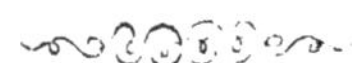

Renou et Maulde, imprimeurs de la Compagnie des Commissaires-Priseurs, rue de Rivoli, 144.   38278

www.ingramcontent.com/pod-product-compliance
Ingram Content Group UK Ltd.
Pitfield, Milton Keynes, MK11 3LW, UK
UKHW031711170726
13836UKWH00001B/188